A·I·M·E·Z VOTRE CORPS

De la même auteure aux Éditions AdA

La vie, réflexion sur votre parcours

Méditations de guérison

La force est en vous

Transformez votre vie

Oui, je peux

A·I·M·E·Z VOTRE CORPS

UN GUIDE D'AFFIRMATIONS POSITIVES
POUR AIMER ET APPRÉCIER SON CORPS

LOUISE L. HAY

TRADUIT DE L'AMÉRICAIN
PAR DIANE THIVIERGE

ADA
éditions

Syntonisez Radio Hay House à www.hayhouseradio.com

Traduction : Diane Thivierge
Révision linguistique : Nicole Demers, André St-Hilaire
Révision : Nancy Coulombe, Suzanne Turcotte
Typographie et mise en page : Sylvie Valois
Design de la page couverture : Steve Williams
Graphisme de la page couverture : Sébastien Michaud, Matthieu Fortin
ISBN papier 978-2-89565-581-7
ISBN numérique 978-2-89683-050-3
Première impression : 2007
Dépôt légal : 2007
Bibliothèque et Archives nationales du Québec
Bibliothèque Nationale du Canada

Éditions AdA Inc.
1385, boul. Lionel-Boulet
Varennes, Québec, Canada, J3X 1P7
Téléphone : 450-929-0296
Télécopieur : 450-929-0220
www.ada-inc.com
info@ada-inc.com

Diffusion

Canada :	Éditions AdA Inc.
France :	D.G. Diffusion ZI de Bogues 31750 Escalquens - France Téléphone : 05-61-00-09-99
Suisse :	Transat - 23.42.77.40
Belgique :	D.G. Diffusion - 05-61-00-09-99

Imprimé au Canada

Participation de la SODEC.
Nous reconnaissons l'aide financière du gouvernement du Canada par l'entremise du Programme d'aide au développement de l'industrie de l'édition (PADIÉ) pour nos activités d'édition.
Gouvernement du Québec - Programme de crédit d'impôt pour l'édition de livres - Gestion SODEC.

C'est avec amour

que j'offre ce livre

à tous les corps de la planète.

Table des matières

Affirmations pour avoir un corps sain

Les petits bébés aiment chaque centimètre carré de leur anatomie. Ils n'ont ni culpabilité ni honte et ne se comparent à personne. Vous étiez ainsi, vous aussi, jusqu'à ce que vous vous mettiez à écouter la voix de ceux qui vous disaient que vous n'étiez pas « assez bien ». Et vous avez commencé à critiquer votre corps, croyant qu'il était le siège de vos défauts.

Mettons tout cela de côté si vous le voulez bien et recommençons à aimer notre corps et à l'accepter exactement comme il est. Bien sûr qu'il se modifiera avec le temps mais, si nous l'aimons, il changera pour le mieux.

L'inconscient est totalement dépourvu de sens de l'humour et il ne sait pas distinguer la vérité du mensonge. Il se contente de croire ce que nous disons et ce que nous pensons pour en faire le fondement de son évolution. Si vous répétez encore et encore les affirmations positives qui se trouvent dans ce livre, vous sèmerez de nouvelles graines dans le sol fertile de votre inconscient et ces dernières porteront leurs fruits.

Debout devant le miroir, répétez deux fois par jour chaque affirmation (un nouveau modèle de pensée) dix fois de suite. De plus, écrivez chaque affirmation dix fois au cours de la journée. Faites un traitement par jour et poursuivez ainsi jusqu'à la fin du livre. Inscrivez vos propres affirmations positives sur les pages de gauche laissées en blanc à cet effet. Et s'il y a encore des parties de votre corps que vous n'aimez pas ou qui vous tracassent, répétez l'affirmation correspondante pendant au moins trente jours ou jusqu'à l'obtention de résultats positifs.

S'il vous vient des doutes, des craintes ou des pensées négatives, contentez-vous de les reconnaître pour ce qu'elles sont : de vieilles croyances restrictives qui vous « collent à la peau ». Sachez cependant qu'elles n'ont absolument aucun pouvoir sur vous. Alors, dites-leur doucement « Partez, je n'ai plus besoin de vous », puis répétez de nouveau vos affirmations.

Là où vous vous arrêtez indique le siège d'une résistance. Prenez note de la partie de votre corps que vous ne voulez pas aimer et accordez-lui une attention particulière afin de dépasser cette barrière. Lâchez prise.

Vous obtiendrez ainsi, en peu de temps, un corps que vous aimerez véritablement et qui vous le rendra en restant en santé. Chaque partie de votre anatomie retrouvera son fonctionnement optimal, formant un tout harmonieux. Vous verrez même des rides disparaître, votre poids se régulariser et votre colonne se redresser.

Ce que nous affirmons régulièrement devient réalité.

NOTES PERSONNELLES AFFIRMATIONS

J'AIME MON ESPRIT

Mon esprit me permet d'apprécier le miracle qui a présidé à la naissance de mon corps. Je suis heureux d'être en vie. J'affirme, avec mon esprit, que j'ai le pouvoir de me guérir. Mon esprit choisit les pensées qui façonnent mon avenir à chaque instant. Mon pouvoir me vient de lui. Je choisis d'avoir des pensées qui favorisent mon bien-être. Mon esprit est magnifique : je l'aime et je l'apprécie !

NOTES PERSONNELLES ❦ AFFIRMATIONS

J'AIME MON CUIR CHEVELU

Mon cuir chevelu est détendu et en paix. Il est souple et malléable. Il nourrit mes cheveux. Grâce à lui, ma chevelure peut pousser librement et abondamment. Je choisis des pensées qui le massent avec amour. Mon cuir chevelu est magnifique : je l'aime et je l'apprécie !

NOTES PERSONNELLES ❦ AFFIRMATIONS

J'AIME MA CHEVELURE

J'ai foi en la vie, car je suis persuadé qu'elle comblera tous mes besoins. Je me sens fort et apaisé. Mon cuir chevelu se détend et laisse toute la place à ma chevelure luxuriante. Je me coiffe avec amour et je choisis des pensées qui soutiennent la croissance et la vigueur de mes cheveux. Ma chevelure est magnifique : je l'aime et je l'apprécie !

NOTES PERSONNELLES ❦ AFFIRMATIONS

J'AIME MES YEUX

Ma vision est parfaite. Je vois clairement dans toutes les directions. Je regarde avec amour mon passé, mon présent et mon avenir. Mon esprit choisit ma façon de voir la vie. Je vois avec de nouveaux yeux. Je vois ce qu'il y a de bon en chacun et en toute chose. Je crée maintenant avec amour une vie que j'ai plaisir à regarder. Mes yeux sont magnifiques : je les aime et je les apprécie !

NOTES PERSONNELLES ❦ AFFIRMATIONS

J'AIME MES OREILLES

Je suis équilibré et j'ai un beau maintien. Je fais un avec la vie. Je choisis des pensées qui suscitent l'harmonie autour de moi. J'écoute avec amour ce qui est bon et agréable. J'entends la demande d'amour cachée dans les messages de tout le monde. J'accepte de comprendre les autres et j'éprouve de la compassion pour eux. Je me réjouis d'être capable d'entendre la vie autour de moi. J'ai un esprit réceptif. Je consens à entendre. Mes oreilles sont magnifiques : je les aime et je les apprécie !

NOTES PERSONNELLES ❦ AFFIRMATIONS

J'AIME MON NEZ

Je suis en paix avec tous ceux qui m'entourent. Rien ni personne n'a de pouvoir sur moi. Dans mon univers personnel, j'incarne le pouvoir et l'autorité. Je choisis des pensées qui valident mon véritable monde. Je reconnais mes propres capacités intuitives. Je fais confiance à mon intuition, car je reste toujours en contact avec la Sagesse et la Vérité universelles. Je prends toujours le chemin qui me convient le mieux. Mon nez est magnifique : je l'aime et je l'apprécie !

NOTES PERSONNELLES ❦ AFFIRMATIONS

J'AIME MA BOUCHE

Je me nourris d'idées neuves. Je « mastique » les nouvelles notions de manière à les rendre digestes et assimilables. Je prends facilement des décisions, en m'appuyant sur la notion de Vérité. J'ai le goût de vivre. Je choisis des pensées qui me permettent de m'exprimer avec amour. Je parle en mon propre nom, certain de ma propre valeur. Ma bouche est magnifique : je l'aime et je l'apprécie !

NOTES PERSONNELLES ❦ AFFIRMATIONS

J'AIME MES DENTS

Mes dents sont saines et solides. Je mords dans la vie avec ardeur. Je « mastique » consciemment et entièrement toutes mes expériences de vie. J'ai l'esprit de décision. Je prends facilement des résolutions et je m'y tiens. Je choisis des pensées qui consolident mes assises. J'ai confiance en ma sagesse intérieure et je sais que je choisirai toujours ce qui est le mieux pour moi indépendamment des circonstances. Mes dents sont magnifiques : je les aime et je les apprécie !

NOTES PERSONNELLES ❦ AFFIRMATIONS

J'AIME MES GENCIVES

Mes gencives sont l'image même de la santé. Elles retiennent et protègent mes dents avec amour. Il m'est facile de respecter mes choix. Je prends des décisions fondées sur des convictions spirituelles. Je suis ancré dans la Sagesse et la Vérité. Je choisis uniquement des pensées qui débouchent sur des actes justes. Mes gencives sont magnifiques : je les aime et je les apprécie !

NOTES PERSONNELLES ❦ AFFIRMATIONS

J'AIME MA VOIX

Je donne librement mon opinion. Je défends mes points de vue. Je chante les bénédictions de l'amour et de la joie. Mes mots sont la musique de la vie. Je choisis des pensées qui expriment la beauté et la gratitude. Je proclame mon unité avec tout ce qui est la vie. Ma voix est magnifique : je l'aime et je l'apprécie !

NOTES PERSONNELLES ❦ AFFIRMATIONS

J'AIME MON COU

Je me tourne volontiers vers d'autres points de vue et façons de faire. Je suis entièrement libre d'en valider l'existence. J'accepte de changer. Je choisis des pensées qui me permettent de penser et de créer librement. Je m'exprime dans la liberté et la joie. Je suis en sécurité. Mon cou est magnifique : je l'aime et je l'apprécie !

NOTES PERSONNELLES ❦ AFFIRMATIONS

J'AIME MA GORGE

Ma gorge est le canal de mon expression personnelle et créative. Je la garde ouverte et libre. Je chante avec joie. Je choisis des pensées qui me permettent d'exprimer ma créativité. Je proclame avec amour ma valeur et mon estime personnelles. Ma gorge est magnifique : je l'aime et je l'apprécie !

NOTES PERSONNELLES ❦ AFFIRMATIONS

J'AIME MES ÉPAULES

Je porte mes responsabilités avec aisance. Mon fardeau est aussi léger que des plumes dans le vent. Je suis grand et libre, et je porte avec joie mes expériences sur mes épaules. Mes épaules sont belles, droites et fortes. Je choisis des pensées qui me facilitent la vie et m'ouvrent le chemin. L'amour libère et détend. J'aime ma vie. Mes épaules sont magnifiques : je les aime et je les apprécie !

NOTES PERSONNELLES ❦ AFFIRMATIONS

J'AIME MES SEINS

Mes seins ont la forme et la grosseur qui conviennent parfaitement à mon corps. Ils sont en santé et le seront à jamais. Je commence toujours par me nourrir et par prendre soin de moi avant de m'occuper des autres. Je choisis des pensées qui me nourrissent de toutes les façons. Mes seins sont magnifiques : je les aime et je les apprécie !

NOTES PERSONNELLES ❦ AFFIRMATIONS

J'AIME MES BRAS

Je me protège et je protège ceux qui me sont chers. J'accueille la vie avec joie. Je reçois à bras ouverts les expériences que me réserve l'existence. J'apprécie pleinement la vie. Je choisis des pensées qui me permettent de changer facilement et d'aller dans une autre direction. Je suis fort et en possession de mes moyens en toutes circonstances. Mes bras sont magnifiques : je les aime et je les apprécie !

NOTES PERSONNELLES ❦ AFFIRMATIONS

J'AIME MES POIGNETS

Mes poignets sont souples et libres. J'accepte avec aisance les plaisirs que la vie me réserve. Je mérite toutes les bonnes choses que je reçois. Je choisis des pensées qui me permettent de facilement apprécier ce que j'ai. Mes poignets sont magnifiques : je les aime et je les apprécie !

NOTES PERSONNELLES ❦ AFFIRMATIONS

J'AIME MES MAINS

Mes mains sont libres de façonner ma vie à leur guise. Elles ont mille et une façons de recevoir les événements et les gens qui viennent à moi. Je choisis des pensées qui me permettent de prendre en main mes expériences dans la joie et la facilité. Chaque détail est traité selon le Juste Ordre Divin. Je donne la main à la vie ; par conséquent, je suis en sécurité, je suis sauf et je suis moi-même. Je suis en paix. Mes mains sont magnifiques : je les aime et je les apprécie !

NOTES PERSONNELLES ❦ AFFIRMATIONS

J'AIME MES DOIGTS

Mes doigts m'apportent de nombreux plaisirs. J'adore être capable de toucher, sentir, fouiller, inspecter, repriser, réparer, créer et façonner avec amour. Je mets le doigt sur le pouls de la vie et je suis en harmonie avec tout ce qui m'entoure. Je choisis des pensées qui me permettent de toucher avec amour. Mes doigts sont magnifiques : je les aime et je les apprécie !

NOTES PERSONNELLES ❦ AFFIRMATIONS

J'AIME MES ONGLES

Mes ongles sont agréables à regarder. Je me sens protégé et en sécurité. Pendant que je me détends et que la vie se déploie sous mes yeux, ils durcissent et se fortifient. J'aime et j'apprécie ma vie dans les moindres petites choses. Je choisis des pensées qui font en sorte que les menus détails de l'existence se règlent facilement. Mes ongles sont magnifiques : je les aime et je les apprécie !

NOTES PERSONNELLES ❦ AFFIRMATIONS

J'AIME MA COLONNE VERTÉBRALE

Ma colonne vertébrale est le siège de l'harmonie et de l'amour. Chaque vertèbre est amoureusement reliée à ses voisines. L'interaction entre elles se fait parfaitement et sans heurt. C'est pourquoi je suis fort tout en restant souple. Je peux tendre vers le ciel ou me baisser vers la terre. Je choisis des pensées qui garantissent ma liberté et ma sécurité. Ma colonne vertébrale est magnifique : je l'aime et je l'apprécie !

NOTES PERSONNELLES ❦ AFFIRMATIONS

J'AIME MON DOS

Je suis soutenu par la vie même. Je me sens émotionnellement appuyé. Je me délivre de toutes mes peurs. Je me libère de mon passé et de toutes mes expériences antérieures. Je lâche prise par rapport à tout ce qui est derrière moi. Je fais maintenant confiance au processus de la vie. Je choisis des pensées qui subviennent à tous mes besoins. La vie me comble de manière aussi bien prévisible qu'imprévisible. Je sais que la vie m'appartient. Je suis droit et grand, soutenu par l'amour de la vie. Mon dos est magnifique : je l'aime et je l'apprécie !

NOTES PERSONNELLES ❦ AFFIRMATIONS

J'AIME MA SOUPLESSE

Dieu m'a donné la capacité d'être souple et de valser avec la vie. À l'instar d'un saule pleureur, je peux me plier, m'étirer et chaque fois retrouver mon centre. Je choisis des pensées qui renforcent ma capacité d'être flexible et élastique. Ma souplesse est magnifique : je l'aime et je l'apprécie !

NOTES PERSONNELLES ❦ AFFIRMATIONS

J'AIME MA POITRINE

Ce que je prends et ce que je donne s'équilibrent parfaitement. La vie me fournit tout ce dont j'ai besoin. Je suis libre d'être ce que je suis et je laisse les autres être ce qu'ils sont. La vie nous protège tous. Nous pouvons tous grandir en parfaite sécurité. Je me nourris uniquement d'amour. Je choisis des pensées qui créent de la liberté pour nous tous. Ma poitrine est magnifique : je l'aime et je l'apprécie !

J'AIME MES POUMONS

J'ai le droit de prendre de la place. J'ai le droit d'exister. Je suis libre de prendre tout ce que m'offre la vie et de le redonner à mon tour. Je peux, en toute sécurité, m'approprier mon environnement. Je fais confiance à la Puissance qui me donne autant de souffle. J'en ai suffisamment pour vivre aussi longtemps que je le souhaiterai. J'ai assez de vitalité et de réserves pour jouir de ce monde tant que je le désirerai. Je choisis maintenant des pensées qui m'apportent la sécurité. Mes poumons sont magnifiques : je les aime et je les apprécie !

NOTES PERSONNELLES ❦ AFFIRMATIONS

J'AIME MON SOUFFLE

Mon souffle est très précieux. C'est un trésor, une substance qui donne la vie. Je sais que je peux profiter de l'existence en toute sécurité. J'aime la vie. Je l'inspire jusqu'au plus profond de mon être. J'inspire et j'expire dans une harmonie parfaite. Je choisis des pensées qui imprègnent mon souffle d'amour et de douceur. Ma présence est grandement appréciée des autres. Je me coule dans le souffle même de la vie. Mon souffle est magnifique : je l'aime et je l'apprécie !

NOTES PERSONNELLES ❦ AFFIRMATIONS

J'AIME MES GLANDES

Mes glandes sont à la source de mon expression personnelle, soit de ma façon d'aborder la vie. Je suis unique. Je respecte mon individualité. Je puise au plus profond de moi tout ce qui m'arrive de bon dans l'existence. Mon originalité dépend des pensées que je choisis d'avoir. Mon immunité et ma force spirituelles sont solides et équilibrées. Je suis quelqu'un qui fonce. J'ai de l'allant. Mes glandes sont magnifiques : je les aime et je les apprécie !

NOTES PERSONNELLES ❦ AFFIRMATIONS

J'AIME MON CŒUR

Mon cœur fait circuler la joie avec amour dans tout mon corps et jusque dans mes cellules. De nouvelles idées réjouissantes circulent librement en moi. Je suis la joie, je l'exprime et je la reçois. Je choisis maintenant des pensées qui imprègnent mon présent de bonheur. Je peux vivre en toute sécurité, quel que soit mon âge. J'irradie l'amour partout autour de moi et ma vie n'est que joie. Mon cœur est magnifique : je l'aime et je l'apprécie !

NOTES PERSONNELLES ❦ AFFIRMATIONS

J'AIME MON SANG

Le sang qui circule dans mes veines est une joie pure qui se promène librement partout dans mon corps. Je vis dans la joie et le bonheur. Je choisis des pensées qui me rendent enthousiaste à l'égard de l'existence. J'ai une vie riche, joyeuse et bien remplie. Mon sang est magnifique : je l'aime et je l'apprécie !

NOTES PERSONNELLES ❦ AFFIRMATIONS

J'AIME MES NERFS

J'ai un merveilleux système nerveux. Mes nerfs me permettent de communiquer avec toute forme de vie. Je peux sentir et comprendre à des niveaux très profonds. Je me sens en sécurité. Mes nerfs ont le droit de se détendre et d'être en paix. Je choisis des pensées qui me laissent en toute quiétude. Mes nerfs sont magnifiques : je les aime et je les apprécie !

NOTES PERSONNELLES ❦ AFFIRMATIONS

J'AIME MON ESTOMAC

Je digère avec joie les expériences de l'existence. La vie me va bien. Tous les jours, j'assimile facilement ce que m'apporte chaque nouvel instant. Tout va bien dans ma vie. Je choisis des pensées qui glorifient mon être. J'ai confiance que j'aurai toujours tout ce dont j'ai besoin. Je connais ma valeur personnelle. Je suis bien comme je suis. Je suis le fruit de l'expression divine et magnifique de la vie. J'assimile cette pensée et je me l'approprie. Mon estomac est magnifique : je l'aime et je l'apprécie !

NOTES PERSONNELLES ❦ AFFIRMATIONS

J'AIME MON FOIE

Je me défais de tout ce dont je n'ai plus besoin. Je me libère avec joie de toute irritation, de toute critique et de toute condamnation. Ma conscience est maintenant purifiée et apaisée. Tout dans ma vie correspond à l'Ordre Divin. Tout ce qui m'arrive est pour mon plus grand bien et pour ma plus grande joie. Je trouve l'amour partout dans ma vie. Je choisis des pensées qui me guérissent, me purifient et m'encouragent. Mon foie est magnifique : je l'aime et je l'apprécie !

NOTES PERSONNELLES ❦ AFFIRMATIONS

J'AIME MES REINS

Je peux, en toute sécurité, grandir et accepter la vie que je me suis créée. Je libère l'ancien et j'apprécie le nouveau. Mes reins réussissent très bien à éliminer les vieux poisons de mon esprit. Je choisis maintenant des pensées qui créent mon univers ; par conséquent, je considère tout ce qui constitue mon monde comme étant parfait. Mes émotions ont trouvé leur point d'appui dans l'amour. Mes reins sont magnifiques : je les aime et je les apprécie !

NOTES PERSONNELLES ❦ AFFIRMATIONS

J'AIME MA RATE

La joie est ma seule obsession. Ma véritable identité est constituée de paix, d'amour et de joie. Je choisis des pensées qui imprègnent de joie tous les aspects de ma vie. Ma rate est en santé et en tous points normale. Je suis en sécurité. Je choisis la douceur de vivre. Ma rate est magnifique : je l'aime et je l'apprécie !

NOTES PERSONNELLES ❦ AFFIRMATIONS

J'AIME MON SYSTÈME IMMUNITAIRE

Mon système immunitaire est fort et vigoureux. Il protège mon corps et me garde en parfaite santé. Sachant qu'il réagit à chacune de mes pensées, je n'ai que des réflexions aimantes et positives qui le renforcent et le soutiennent. Mon système immunitaire est magnifique : je l'aime et je l'apprécie !

NOTES PERSONNELLES ❦ AFFIRMATIONS

J'AIME MA TAILLE

J'ai une très belle taille qui me sied parfaitement. Elle est normale, naturelle et très souple. Je peux me pencher et me tourner dans tous les sens. Je choisis des pensées qui m'amènent à pratiquer un exercice que j'aime. Ma taille est magnifique : je l'aime et je l'apprécie !

NOTES PERSONNELLES ❦ AFFIRMATIONS

J'AIME MES HANCHES

J'arpente la vie dans l'équilibre le plus parfait. Je vais constamment vers la nouveauté. Il existe des centres d'intérêt et des objectifs propres à chaque âge. Je choisis des pensées qui donnent de la solidité et de la vigueur à mes hanches. Je suis puissant jusque dans mon assise. Mes hanches sont magnifiques : je les aime et je les apprécie !

NOTES PERSONNELLES ❦ AFFIRMATIONS

J'AIME MES FESSES

Mes fesses sont de plus en plus belles. Elles sont le siège de mon pouvoir. Je sais que j'ai une grande capacité. Je constate et j'accepte que les choses soient ainsi. Je choisis des pensées qui me permettent de faire preuve de bonté et de sagesse dans l'utilisation de mon pouvoir. C'est merveilleux d'être puissant. Mes fesses sont magnifiques : je les aime et je les apprécie !

NOTES PERSONNELLES ❦ AFFIRMATIONS

J'AIME MON CÔLON

Je suis un canal par lequel s'écoule librement, joyeusement et généreusement tout ce qu'il y a de bon dans l'univers. J'accepte volontiers de me libérer de toutes les pensées et les choses qui constituent un fouillis et une obstruction. Tout dans ma vie est normal, harmonieux et parfait. Je vis uniquement dans le présent. Je choisis des pensées qui favorisent l'ouverture et la réceptivité devant l'existence. Mon alimentation, mon assimilation et mon élimination sont parfaites. Mon côlon est magnifique : je l'aime et je l'apprécie !

NOTES PERSONNELLES ❦ AFFIRMATIONS

J'AIME MA VESSIE

Je suis en paix avec mes pensées et mes émotions. Je suis en harmonie avec les gens qui m'entourent. Rien ni personne n'a de pouvoir sur moi. Je suis le seul maître de ce que je pense. Je choisis des réflexions qui me gardent serein. J'accepte volontiers et amoureusement de me libérer des notions et idées périmées, qui s'écoulent de moi librement et dans la joie. Ma vessie est magnifique : je l'aime et je l'apprécie !

NOTES PERSONNELLES ❦ AFFIRMATIONS

J'AIME MES ORGANES GÉNITAUX

Ma sexualité me procure de la joie, ce qui est parfaitement normal et naturel. Mes organes génitaux sont beaux, normaux, naturels et parfaits pour moi. Je suis bon et beau tel que je suis en ce moment. J'apprécie le plaisir que me procure mon physique. Je peux, en toute sécurité, profiter de mon corps. Je choisis des pensées qui me permettent d'aimer la vie. Mes organes génitaux sont magnifiques ; je les aime et je les apprécie.

NOTES PERSONNELLES ❦ AFFIRMATIONS

J'AIME MON RECTUM

Je perçois la beauté de mon corps dans chacun de mes organes et chacune de mes cellules. Mon rectum est tout aussi normal, naturel et beau que toutes les autres parties de moi. J'accepte totalement chaque fonction de mon corps et je me réjouis de son efficacité et de sa perfection. Mon cœur, mon rectum, mes yeux et mes orteils sont tout aussi importants et beaux les uns que les autres. Je choisis des pensées qui me permettent d'accepter avec amour chaque partie de mon être. Mon rectum est magnifique : je l'aime et je l'apprécie !

NOTES PERSONNELLES ❦ AFFIRMATIONS

J'AIME MES JAMBES

Je choisis maintenant de me libérer de toutes les blessures et douleurs de l'enfance. Je refuse de vivre dans le passé. Je suis un être d'aujourd'hui et je vis dans le présent. À mesure que je pardonne le mal qu'on ma fait dans le passé et que je m'en libère, mes cuisses se raffermissent et s'embellissent. J'ai toute la mobilité nécessaire pour aller dans n'importe quelle direction. Je vais de l'avant, délesté du passé. Mes mollets sont détendus et forts. Je choisis des pensées qui me permettent d'avancer avec joie dans la vie. Mes jambes sont magnifiques : je les aime et je les apprécie !

J'AIME MES GENOUX

Je suis souple et je bouge avec grâce. Je donne et je pardonne. Je me penche et je circule avec aise. Je fais preuve de compréhension et de compassion, et j'absous facilement tous ceux qui m'ont fait du mal dans le passé. Je prends acte de la présence des autres et je les complimente chaque fois que l'occasion se présente. Je choisis des pensées qui me gardent ouvert et réceptif à l'amour et à la joie qui circulent partout librement. Je m'agenouille à l'autel érigé en mon honneur. Mes genoux sont magnifiques : je les aime et je les apprécie !

NOTES PERSONNELLES ❦ AFFIRMATIONS

J'AIME MES CHEVILLES

Mes chevilles me procurent de la mobilité et m'orientent. Je me libère de toute peur et de toute culpabilité. J'accepte facilement le plaisir que m'offre la vie. Je me dirige vers mon Bien supérieur. Je choisis des pensées qui me procurent du plaisir et de la joie. Je suis souple et je bouge facilement. Mes chevilles sont magnifiques : je les aime et je les apprécie !

NOTES PERSONNELLES ❦ AFFIRMATIONS

J'AIME MES PIEDS

J'ai du monde une compréhension inégalée. Ma conception de moi-même, des autres et de la vie ne cesse jamais de s'approfondir. Je suis fermement enraciné dans la Vérité. Je suis nourri par la Terre-Mère, et l'Intelligence universelle m'enseigne tout ce que j'ai besoin de savoir. Je marche sur cette planète en toute sécurité et j'avance vers mon plus grand Bien. Je voyage facilement à travers le temps et l'espace. Je choisis des pensées qui m'assurent un avenir merveilleux et je m'y propulse. Mes pieds sont magnifiques : je les aime et je les apprécie !

NOTES PERSONNELLES ❦ AFFIRMATIONS

J'AIME MES ORTEILS

Mes orteils partent en éclaireurs explorer mon avenir. Ils me devancent de manière à m'ouvrir le parcours. Ils sont droits, souples et forts. Ils pointent vers l'avant, à l'affût du parfait chemin de vie. Je choisis des pensées qui protègent ma voie. À mesure que j'avance, tous les petits détails se règlent d'eux-mêmes. Mes orteils sont magnifiques : je les aime et je les apprécie !

NOTES PERSONNELLES ❦ AFFIRMATIONS

J'AIME MES OS

Je suis fort et sain. Je suis bien charpenté et équilibré. Mes os me supportent et m'aiment. Chaque os est important à mes yeux. Je choisis des pensées qui fortifient ma vie. Je suis composé des mêmes matériaux que l'Univers. Je suis Un avec la structure de la vie. Mes os sont magnifiques : je les aime et je les apprécie !

NOTES PERSONNELLES ❦ AFFIRMATIONS

J'AIME MES MUSCLES

Mes muscles me permettent de me déplacer dans le monde. Ils sont forts et le resteront toujours. Ils sont souples et s'étirent aisément. Je choisis des pensées qui me permettent d'accueillir avec joie les nouvelles expériences. Ma vie est un joyeux ballet ! Mes muscles sont magnifiques : je les aime et je les apprécie !

NOTES PERSONNELLES ❦ AFFIRMATIONS

J'AIME MA PEAU

Mon individualité est saine et sauve. Le passé est oublié et j'ai pardonné à tous ceux qui m'ont fait du mal. En ce moment, je suis libre et en sécurité. Je choisis des pensées qui m'apportent la joie et la paix. Chaque partie de mon corps est recouverte d'une peau jeune et lisse. J'adore caresser mon épiderme. Mes cellules possèdent la jeunesse éternelle. Ma peau est l'enveloppe qui protège le temple dans lequel je vis. Elle est magnifique : je l'aime et je l'apprécie !

NOTES PERSONNELLES ❦ AFFIRMATIONS

J'AIME MA STATURE

Ma stature me convient parfaitement. Je ne suis ni trop petit ni trop grand. Je peux regarder vers le haut et vers le bas. Je peux tendre les bras vers le ciel aussi bien que toucher la terre. Je choisis des pensées qui me permettent de toujours me sentir aimé et en sécurité. Ma stature est magnifique : je l'aime et je l'apprécie !

NOTES PERSONNELLES ❦ AFFIRMATIONS

J'AIME MON POIDS

Mon poids me convient parfaitement en ce moment. Il correspond exactement à ce que j'ai choisi et accepté. J'ai la capacité de changer de poids si je le désire. Je choisis des pensées qui me permettent d'être à l'aise dans mon corps et satisfait de ma pesanteur. Mon poids est magnifique : je l'aime et je l'apprécie !

NOTES PERSONNELLES ❦ AFFIRMATIONS

J'AIME MON APPARENCE

J'aime mon apparence. Elle me convient parfaitement dans cette vie-ci. Je l'ai choisie avant même de naître et j'en suis satisfait. Je ne ressemble à nul autre et je suis unique en mon genre. Personne n'est exactement comme moi. Je suis beau et j'embellis de jour en jour. Je choisis des pensées qui favorisent une belle image. J'adore mon allure. Mon apparence est magnifique : je l'aime et je l'apprécie !

NOTES PERSONNELLES ❦ AFFIRMATIONS

J'AIME MON ÂGE

Mon âge me convient parfaitement. Chaque année qui passe est unique et précieuse, car je ne la vivrai qu'une fois. Toutes les périodes de l'existence, de l'enfance à la vieillesse, sont remplies de leurs propres merveilles. La vieillesse est tout aussi spéciale que l'enfance. Je veux vivre tous les âges de la vie. Je choisis des pensées qui me font accepter de vieillir. J'ai hâte de voir ce que me réserve chaque nouvelle année. Mon âge est magnifique : je l'aime et je l'apprécie !

NOTES PERSONNELLES ❦ AFFIRMATIONS

J'AIME MON CORPS

Mon corps est un lieu de vie en tous points glorieux. Il me convient parfaitement dans cette existence, et je m'en réjouis. Sa taille, sa forme et sa couleur sont parfaites. Je m'émerveille du miracle que constitue mon corps. Je choisis des pensées de guérison qui me créent un organisme en santé et qui le gardent comme tel, faisant en sorte que je me sente bien. Mon corps est magnifique : je l'aime et je l'apprécie !

NOTES PERSONNELLES ❦ AFFIRMATIONS

INDEX

OUVRAGES DE GUÉRISON HOLISTIQUE RECOMMANDÉS

Corps

Getting Well Again, Carl Simonton, M.D.
The Great American Cookbook, Marilyn Diamond
Healthy Healing, Linda Page Rector
L'amour, la médecine et les miracles, Bernie Siegel, M.D.
Women's Bodies, Women's Wisdom, Christiane Northrup, M.D.

Esprit

Anatomie de l'esprit, Caroline Myss
Le réveil de l'intuition, Mona Lisa Schulz, M.D., Ph. D.
Tremblez mais osez !, Susan Jeffers, Ph. D.
I'd Change My Life if I Had More Time, Doreen Virtue, Ph. D.
New Passages: Mapping Your Life Across Time, Gail Sheehy
Ces femmes qui aiment trop, Robin Norwood

Âme

Autobiographie d'un yogi, Paramahansa Yogananda
Un cours en miracles, Foundation for Inner Peace
I Come As a Brother, Bartholomew
A Woman's Worth, Marianne Williamson
Your Sacred Self, Wayne Dyer

UN MOT SUR L'AUTEURE

Conférencière, professeure de métaphysique et auteure de best-sellers, **LOUISE L. HAY** a publié de nombreux ouvrages, dont *Transformer votre vie* et *Empowering Women*. Ses livres ont été traduits en 29 langues, dans 35 pays. Louise a commencé sa carrière en 1981, à titre de ministre de la Science du mental. Elle a déjà aidé des millions de gens à découvrir et à exploiter leur plein potentiel créateur à des fins de croissance personnelle et d'autoguérison. Louise est fondatrice et présidente de Hay House, Inc., une maison d'édition qui diffuse des livres et des cassettes audio et vidéo contribuant à guérir la planète.

Site Web : **www.LouiseHay.com**

ADA éditions

www.ada-inc.com
info@ada-inc.com